AF359604

MÉMOIRE

POUR

Le Sieur RUBIT, l'aîné, Marchand Mercier, Pr. Tailleur du Roi;

CONTRE

M. le Maréchal Duc DE RICHELIEU.

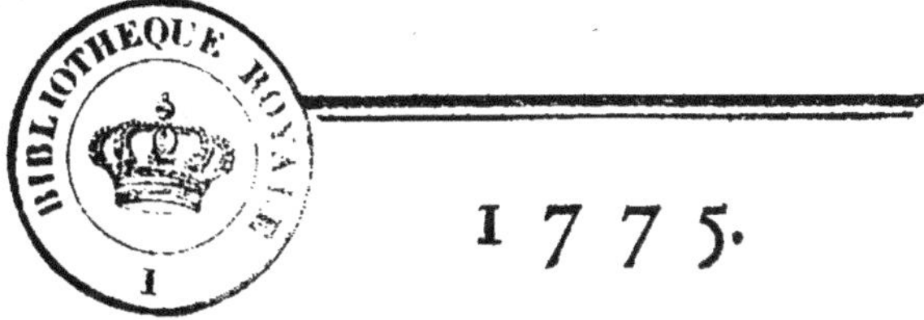

1 7 7 5.

MÉMOIRE

POUR le Sieur R U B I T, l'aîné, Marchand Mercier, Pr. Tailleur du Roi;

CONTRE Monſieur le Maréchal Duc de RICHELIEU.

DE toutes les ſingularités qui diſtinguent le grand Procès de Madame de Saint-Vincent & de M. le Maréchal de Richelieu, la plus étonnante, ſans contredit, la plus inconcevable, la plus biſarre en tout ſens, c'eſt le rôle qu'on m'a forcé d'y jouer.

Les Gens-d'Affaires de M. le Maréchal de Richelieu m'ont déſigné à la Juſtice comme un des auteurs ou des fauteurs d'une trame crimi-

A

nelle, dont je ne ſerois que la premiere victime, ſi elle étoit conſtatée. Des billets argués de faux leur ont ſervi de prétexte ; mais parce qu'on ſuſpectoit la main dont ces billets funeſtes étoient ſortis , étoit-ce donc une raiſon pour accabler, pour flétrir d'une chaîne odieuſe la main que la bonne-foi avoit ouverte pour les recevoir ?

Et cependant , comme ſi ce n'étoit pas aſſez de m'avoir forcé de répondre devant les Magiſtrats à des queſtions qui ſont toujours des outrages pour l'innocence , comme ſi ce n'étoit pas aſſez de m'avoir fait précipiter ſans raiſon dans le ſéjour du crime , les Agens de M. le Maréchal de Richelieu ont ajouté à toutes ces horreurs la diffamation la plus cruelle.

Ils ſe ſont bornés d'abord à me traiter de *brocanteur* & *d'agioteur* ; mais peu contens d'avoir enſéveli ces qualifications injurieuſes dans un Factum volumineux , où ils ont craint apparemment que le Public ne pût les déterrer , ils viennent de les reproduire ſous une forme plus portative. Le petit Mémoire contre la femme le Roi & l'Abbé de Villeneuve , &c. m'inculpe nettement d'*uſure* , de *mauvaiſe foi* , de *réticences ſuſpectes* , &c.

Il faut donc parler , puiſque les Agens de M. le Maréchal de Richelieu me font un crime de mon ſilence. Il faut juſtifier la conduite du Négociant honnête qu'ils oppriment & qu'ils accuſent. Je ne tournerai point contr'eux les armes dont ils ont abuſé contre moi. Le plus ſimple récit des faits fuffit à mon apologie , & l'équité des Magiftrats me répond de ma vengeance.

Je l'avouerai fans honte & fans peine ; mon nom & mon état n'ont pas l'avantage de fixer l'attention publique comme ceux des acteurs illuftres qui jouent les premiers rôles dans cette affaire ; mais cet état du moins eft utile ; ce nom eft pur. Les Mémoires de M. le Maréchal de Richelieu me traitent *d'obfcur Frippier.* Obfcur & Frippier foit ; mais que j'aurois à me glorifier de l'obfcurité vertueufe d'un commerce tranquille , fi ces humbles ténèbres avoient pu me dérober aux perfécutions éclatantes d'un grand Seigneur !

Il me repréfente encore comme un de ces fpéculateurs mal-honnêtes, *toujours prêts à hafarder l'acquifition de titres fufpects.* Il eft cependant trèsvrai que la négociation des billets de Madame de Saint-Vincent eft la feule que j'aie faite, que je ne m'y fuis déterminé qu'avec une forte de répugnance , & qu'il a fallu , pour m'y réfoudre , un enchaînement de circonftances dont je vais rendre compte.

Une fuite d'affaires où j'avois été entraîné par mon penchant à obliger, m'avoit procuré la totalité des effets & des tableaux qui garniffoient le fuperbe Hôtel de M. le Comte de ***. Les effets confiftoient en un lit brodé , en des marbres précieux , des luftres , des girandoles , des fauteuils ; en un mot, c'étoit de ces meubles recherchés, que le goût & l'induftrie varient fans ceffe , & qu'ils ont portés à un si haut degré de perfection. Ne connoissant point le prix réel de ces objets étrangers à mon commerce ordinaire, je les avois fait estimer; & le Marchand que j'avois prié de les apprécier, en avoit fixé la valeur à plus de quarante mille francs. Les tableaux formoient un objet séparé de dix-huit à vingt mille livres.

Après quelques tentatives inutiles pour me défaire de ce mobilier considérable, je résolus de le faire vendre par un Officier public. J'avertis, en conséquence, un Huissier-Priseur au mois de Mars 1774. Les circonstances n'étoient pas favorables pour une vente de cette nature. Cet Huissier m'en prévint. Il me représenta que la plupart de ces objets n'avoient qu'une valeur de fantaisie, & qu'en choisissant mal son tems, on pourroit ne pas trouver vingt-quatre mille francs de ce qui devoit naturellement en rapporter quarante. Il me promit de me mettre à portée de saisir le moment qu'il croiroit décisif, si je voulois différer.

Cette promesse étoit aussi honnête que son avis étoit sage. J'eus le malheur de m'y rendre, & par une fatalité bien singuliere, ce trait de prudence creusoit sous mes pas un précipice bien plus affreux, que la foible perte que je m'applaudissois d'éviter.

Le 4 Mai suivant, un homme que je connoissois à peine de vûe, vint me proposer d'acheter des marchandises. Je refusai d'abord de les aller voir. Forcé par ſes inſtances , je me rendis avec lui chez le ſieur Rolland. Au lieu d'acheter les meubles qu'on me fit examiner , je parlai de ceux que j'avois à vendre. Je témoignai la plus grande envie de pouvoir m'en défaire, & je laiſſai entrevoir les facilités que je pouvois donner aux Acheteurs , pour m'en débarraſſer moi-même plus facilement.

Ce fut à ce propos que le ſieur Rolland, dont je ne ſavois pas même le nom alors , m'obſerva que ces meubles pourroient convenir à une Dame de qualité de ſa connoiſſance, retirée dans un Couvent, & que ſi je parvenois à m'arranger avec elle , elle me donneroit en payement un effet très-conſidérable. Il ajouta qu'il faudroit joindre quelque argent comptant à ces meubles. La converſation qui avoit été juſque-là traitée avec une ſorte d'indifférence , devint plus ſérieuſe : je demandai des détails ſur l'effet dont il étoit queſtion. On m'apprit que le billet étoit de M. le Maréchal de Richelieu.

Ce nom ſans doute étoit fait pour inſpirer de la confiance, & quoiqu'on m'ait puni cruellement d'en avoir eu cette idée, je ne ſaurois diſſimuler que ce nom ſeul me décida. Le ſieur Rolland promit de me rendre réponſe.

En effet, dès le lendemain, je vis arriver chez moi les ſieurs Vedel de Montel & Benavent, que je n'avois jamais vus. Ils venoient de la part de cette Dame , dont le ſieur Rolland m'avoit entretenu la veille. Je leur fis voir les meubles, & l'eftimation, qu'ils parurent jaloux de faire recommencer par deux Huiffiers-Prifeurs & un Négociant. J'y confentis, j'eus même la délicateffe de ne choifir perfonne, pour affifter de ma part à cette nouvelle appréciation.

J'ignore quel en fut le réfultat ; mais nous ne fûmes point d'accord des conditions. Ces Meffieurs fe retirerent.

Qu'on ne m'accufe pas de furcharger mon récit de circonftances minutieufes ! Tous ces détails tiennent à ma juftification. Ils prouvent que bien loin d'avoir apporté à cette négociation l'avidité d'un entremetteur intéreffé, ou l'empreffement d'un ufurier perfide, tel qu'on n'a pas craint de me repréfenter ; bien loin de courir au-devant de ces billets fatals, je les ai, au contraire, attendus avec la plus grande indifférence.

Le foir du même jour, les fieurs de Vedel & Benavent revinrent. Ils me propoferent une diminution, qui devoit, felon eux, déterminer enfin la Dame, au nom de laquelle ils agiffoient, à prendre mes meubles. A la vérité, cette Dame n'avoit pas befoin de tout ce mobilier ; mais elle garderoit les objets qui feroient à fa convenance, & fe déferoit du refte.

Aux inftances qu'ils me firent pour m'engager à baiffer le prix de mes effets, j'objectai la longue échéance du billet de M. le Maréchal. Ce billet avoit trois ans à courir. Qui prévoyoit ce qui pouvoit arriver dans cet espace de tems? Qui me répondoit qu'aucun événement imprévu ne viendroit apporter du retard à la liquidation des engagemens pris par M. le Maréchal?

Nous nous séparâmes sans avoir rien conclu ; mais avec promesse de nous revoir le lendemain. J'ai sçu depuis que les sieurs de Vedel & Benavent avoient pris ce délai pour consulter Madame de Saint-Vincent.

Ils avoient exigé que je substituâsse certains effets à d'autres. Je me prêtai à leurs desirs. Ils firent sur ces changemens même des difficultés qui ne pouvoient qu'augmenter ma confiance. Enfin, après quelques allées & venues du même genre ; après des consultations tenues entre les sieurs de Vedel, Benavent, & les Huissiers-Priseurs ; nous nous rapprochâmes. Quoique les choses n'eussent été portées qu'à leur prix dans l'estimation, je consentis à perdre. Je m'estimois trop heureux de saisir cette occasion, qui me procuroit un triple avantage. Premierement, je me défaisois d'une partie de ces effets. En second lieu, je pouvois disposer par ce moyen du local qu'ils occupoient, ou pour mieux dire, qu'ils déroboient à mes marchandises. Enfin, je me disois à moi-même qu'un magasin de meubles étoit déplacé dans la maison d'un Négociant uniquement occupé du commerce des étoffes, de la broderie, des galons, &c.

Ce fut sur les trois heures après-midi, qu'on

m'apporta le billet de 25000 livres, conçu en ces termes :

Je payerai au porteur, dans trois ans, la somme de 25000 livres valeur reçue comptant de M. A Paris, le 15 Mars 1774. LE MARÉCHAL DUC DE RICHELIEU. *Bon pour 25000 liv.*

Je fis fentir aux fieurs de Vedel & Benavent que, fans me défier de leur honnêteté, fans élever même un foupçon fur les apparences de leur délicateffe, je ne pouvois guere me charger d'un effet de cette forte, fans une reconnoiffance préalable de la fignature. Rien n'étoit plus naturel. Ils me propoferent fur le champ d'aller prendre ce renfeignement néceffaire chez le Notaire de M. le Maréchal.

Nous montons en conféquence dans la voiture qui les avoit amenés chez moi, & nous trouvons M^e. Dumoulin fur le pas de fa porte. Je lui préfente le billet moi-même, en le priant de me dire fi c'eft bien là la fignature de M. le Maréchal. M^e. Dumoulin l'examine avec attention & me répond affirmativement. Ce fait inconteftable a pourtant été dénaturé. Lors de fa confrontation avec moi, M^e. Dumoulin a prétendu que fa mémoire ne lui rappelloit pas qu'il m'eût vu chez lui dans le deffein de conftater la fignature de M. de Richelieu. J'ai tâché de fuppléer à la débilité de cette mémoire chancelante, en retraçant toutes les circonftances de notre entrevue

trevue, dont le concours & la précifion pouvoit en réveiller au moins une réminifcence confufe. J'ai donc prié M^e. Dumoulin de fe rappeller que je l'ai trouvé fur fa porte, après-midi , en robe de chambre.

M^e. Dumoulin m'a répondu qu'il n'étoit jamais chez lui après midi, jamais en robe-de-chambre, jamais fur fa porte. J'aurois pu répondre à M^e. Dumoulin; *c'eft votre léthargie.* Mais je l'ai prié feulement d'expliquer par quel prodige inconcevable le hafard m'avoit fait rencontrer l'exception unique de cette régle générale qu'il s'eft faite de n'être jamais chez lui après - midi, jamais en robe de chambre, jamais fur fa porte. On ne devineroit pas la folution de ce problême. M^e. Dumoulin a trouvé qu'il n'y avoit rien de fi fimple; qu'il étoit poffible que j'euffe pris pour lui, Confeiller du Roi, Notaire , fon Maître-Clerc qui eft jufte de fa taille & de fa groffeur, & que , grace à cette heureufe identité de proportion & de dimenfion entre lui & fon Maître-Clerc, il arrivoit fouvent que ce dernier lui épargnoit la peine de defcendre, en fe donnant pour lui.

Je ne me livrerai point au commentaire qu'un texte pareil pourroit me fournir. Je ne chicanerai point fur la parfaite reffemblance de cette copie , que tout le monde confond ainfi avec l'original. Je m'abftiendrai même de remarquer la petite contradiction du récit de M^e. Dumoulin, auquel fon Maître-Clerc, Ménechme officieux , épargne la

peine de defcendre, lorfqu'il n'eft pas chez lui.
J'aime mieux croire que M^e. Dumoulin a reçu du
ciel cette faculté précieufe qu'un Théologien cé-
lèbre appelloit *le don d'oubliance*.

Quoiqu'il en foit, j'étois jaloux de n'omettre
aucune des précautions que la prudence & des
procédés que l'honnêteté pouvoit exiger de moi.
Je ne voulois pas qu'à l'échéance de ces billets,
M. le Maréchal pût m'accufer de les avoir acquis
par des voies fufpectes. Je propofai donc à mes
deux conducteurs, en fortant de chez le Notaire,
de me laiffer le billet vingt-quatre heures, afin de
prévenir M. le Maréchal. Loin de paroître embar-
raffés de cette propofition, loin de marquer aucune
répugnance, ils me confierent le billet, en me recommandant de parler à M. le Maréchal de Richelieu lui-même, dont l'intention étoit que perfonne ne fût inftruit de fes engagemens envers fa
parente.

On ne peut prévoir ce qui fût arrivé, s'il m'eût
été poffible de parvenir jufqu'à M. le Maréchal.
Les billets dont il s'agit au procès, font ou des
titres réels, ou des pieces fabriquées. Dans le premier cas, ma confidence ne pouvoit que plaire à
M. le Maréchal de Richelieu. S'il avoit des rai-
fons pour interdire la négociation de ces billets
à Madame de S. Vincent, il auroit fçu tout de
fuite l'abus que fa Coufine faifoit de fa confiance.
S'il fe bornoit feulement à exiger que cette négociation reftât myftérieufe, le moindre mot qu'il

m'eût dit auroit été un ordre facré pour moi.
Dans l'autre alternative, M. le Maréchal fachant
parfaitement qu'il n'avoit pas figné de billets de
cette efpece, auroit eu fur le champ la révélation
de cette fraude dont fes Gens-d'Affaires ont été
tant de tems depuis à faire la découverte.

Mais à quoi bon fe perdre dans ces conjectures que l'évènement a rendues trop inutiles ? Le
fort de la vérité eft de fe préfenter éternellement
à la porte des Grands, & d'y être éternellement
confignée. Ces illuftres captifs, renfermés dans les
prifons brillantes qu'ils nomment leurs palais, y
femblent privés de toute communication avec les
humains ; ou fi l'on veut, ces Divinités cachées
dans l'intérieur de leurs Temples, placent à l'en-
trée de leurs fanctuaires des gardes infléxibles,
qui veillent fans ceffe pour en écarter les profanes.

J'ignore fi j'étois par hafard plus profane qu'un
autre, ou s'il y avoit pour moi une exclufion for-
melle ; mais plufieurs démarches réitérées de ma
part auprès des gens de l'hôtel de Richelieu, ne
purent me conduire jufqu'au Maître. Je ne per-
dis pas courage. Je crus laffer la patience du Suiffe
par mon opiniâtreté. Mais *fa porte étoit clofe.*
J'eus recours au petits fubterfuges dont on eft
forcé de fe fervir en pareil cas pour donner le
change à la vigilance indocile de ces Argus. Je
follicitai l'avantage de pouvoir parler du moins
à un domeftique de l'hôtel, compatriote & con-

noiſſance d'un de mes Commis. Cet heureux artifice me fit accorder la permiſſion de pénétrer
juſques dans une premiere anti-chambre, d'où
je parvins, à force de patience, de protection &
d'adreſſe, dans une ſeconde. J'y trouvai quatre
Valets-de-chambre de M. le Maréchal. Un d'en-
tr'eux voulut bien ſe détacher, pour aller dire à
ſon Maître que je demandois la faveur de pouvoir lui dire deux mots, ſur une affaire très-in-
téreſſante.

Il le faut avouer. En me voyant ſi près de
mon but, je m'applaudiſſois de ma conſtance ; je
m'en félicitai bien plus encore, lorſque le porteur de ma ſupplique reſpectueuſe revint, au
bout d'un demi quart-d'heure, me dire que M.
le Maréchal alloit ſortir, qu'il paſſeroit dans la
ſalle où j'étois, & que je ſaiſirois cette occaſion
de lui parler. Mais je fis naufrage au port.

A peine avois-je eu le tems de me préparer à
ce que je devois avoir l'honneur de lui dire,
que le bruit d'une voiture ſe fit entendre. Je
courus précipitamment, & je n'eus que le tems
d'arriver ſur le grand eſcalier aſſez à tems pour
voir ſortir de l'hôtel M. le Maréchal qui avoit
paſſé par un eſcalier dérobé.

Je n'avance rien ici, ni dans tout le cours de
ce Mémoire, qui ne ſoit la plus exacte vérité.
D'après ces faits, il paroîtra ſans doute étonnant qu'on ait négligé, dans l'inſtruction, d'entendre ſur ce point les Valets-de-Chambre de M. de

Richelieu. Il paroîtra bien plus fingulier encore que les Agens de M. le Maréchal de Richelieu, en avouant que j'ai eu la bonne-foi de vouloir parler des billets à M. le Maréchal lui-même, ayent eu le front de me demander *pourquoi j'ai conclu fans cela* (1).

Pourquoi ne l'ai-je pas vu ? parcequ'il n'a pas dépendu de moi de faire ceffer fon invifibilité ; parce que tout concouroit à me confoler d'avoir échoué dans cette entreprife ; parce que tout fe réuniffoit pour me difpenfer de cette précaution furabondante, relativement à l'authenticité de la fignature.

J'avois été le matin même chez M^e. Chabans, Avocat aux Confeils. Il avoit reconnu du premier coup-d'œil le caractere de l'écriture de M. le Maréchal. Il avoit même comparé la fignature du Billet à une autre fignature qu'il avoit chez lui. Nous n'y avions trouvé aucune différence. Il nous avoit paru feulement qu'un des jambages de la lettre initiale M, n'étoit pas exactement conforme dans les deux fignatures. Mais cette légère variation pouvoit provenir de tant de cau-fes à l'âge de M. le Maréchal, elle s'expliquoit fi naturellement, j'étois fi loin du foupçon, que l'idée du faux ne me vint pas même dans l'ef-prit.

______

(1) Voyez le petit Mémoire contre la Femme le Roi, &c.

Je l'ai déja dit. Tout contribuoit à éloigner cette idée. M^e. Huchrard, Procureur de M. le Maréchal, tint le même langage que son Notaire & son Avocat aux Conseils. Il me donna plus de confiance encore, en m'ajoutant que je n'avois rien à craindre du côté de la fidélité de M. le Maréchal de Richelieu à remplir ses engagemens. Le jour que M^e. Huchrard me parloit ainsi, il devoit voir M. le Maréchal à onze heures, & je ne lui avois point demandé le secret.

J'observerai, en passant, que ni M^e. Chabans, ni M^e. Huchrard n'ont été entendus, quoique leurs dépositions dûssent répandre le plus grand jour sur cette affaire.

Qu'on joigne d'ailleurs à leurs témoignages non suspects, ce que j'appris, dans l'intervalle, des liens qui unissoient M. le Maréchal de Richelieu à Madame la Présidente de Saint-Vincent ; des autres Billets au porteur qu'il lui avoit faits jusqu'à la concurrence de 100,000 écus, & du transport d'une partie de cette créance au sieur Préville, Caissier des poudres, dont la circonspection & la délicatesse m'étoient connues! Qu'on joigne à tant de motifs de crédibilité, la candeur qui respiroit dans les discours des sieurs de Montel & Benavent, la franchise avec laquelle ils répondoient à toutes mes questions, l'impossibilité où j'étois de suspecter des Billets, qu'ils avoient eu la confiance de laisser deux jours dans mes mains, en me recommandant de les montrer à M. de Richelieu même! Qu'on y joigne toutes les vraisemblances qui s'accumuloient alors pour me perfuader qu'il étoit très-naturel qu'un Maréchal de France, riche, généreux, obligeant, magnifique comme Monfieur de Richelieu, pût devoir 100,000 écus! Qu'on y joigne le raifonnement très-fimple qu'il n'étoit pas moins dans la nature des chofes qu'il dût cette fomme à une Dame de qualité, à une Parente, que je favois auffi illuftre & qu'on me peignoit auffi folvable que lui! Que l'on pèfe, en un mot, toutes ces circonftances, & que l'on décide s'il m'étoit poffible de concevoir même alors un doute raifonnable fur la validité de la négociation que j'étois prêt à conclure.

Je la conclus, en effet, & j'étois fi convaincu de la bonne-foi de Madame de Saint-Vincent qu'au bout de quelques jours, ayant entendu dire à un Banquier de mes amis, qu'on lui avoit propofé un Billet de quarante mille livres de la part de cette Dame, je demandai au fieur Bénavent fi elle en avoit encore d'autres.

Madame de Saint-Vincent vouloit fe meubler ; il me reftoit beaucoup de meubles fuperbes, dont je lui remis l'état quelques jours après.

Madame de Saint-Vincent demandoit 12000 liv. d'argent comptant. J'offris d'en donner la moitié, & comme j'obfervai au fieur Benavent que le moment ne feroit pas favorable pour fe défaire des meubles qui ne conviendroient pas à cette Dame, j'offris d'y joindre pour huit mille francs d'étoffes au prix qu'elles se vendoient dans les Fabriques. La vente de ce dernier article ne devoit presque point souffrir de déchet.

Alors, je reçus de nouvelles visites du Marchand & de l'Huissier-Priseur, & l'on m'apporta deux nouveaux Billets. Il étoient conçus en ces termes :

1.

Je payerai au Porteur dans trois ans la somme de 35000 livres, valeur reçue comptant de M. à Paris ce 4 Avril 1774,

signé *LE MARÉCHAL DUC DE RICHELIEU.*

Bon pour 35000 liv.

2.

Je payerai au Porteur dans trente-trois mois la somme de 20000 liv. valeur reçue comptant de M. à Paris ce 8 Mai 1774,

signé *LE MARÉCHAL DUC DE RICHELIEU.*

Bon pour 20000 liv.

Les trois Billets dont je devenois porteur se montoient à quatre-vingt mille livres. Je vais prouver que j'en ai fourni plus que la valeur. Je dois ce détail, non pas à M. le Maréchal de Richelieu, mais au Public que ses Mémoires ont

ont trompé fur ce point, & à mes Juges auprès defquels il me noircit de l'accufation d'ufure.

M. le Maréchal de Richelieu foutient que Madame de Saint-Vincent n'a reçu de moi que 27,952 liv. 18 f., favoir 12000 liv. en argent comptant & le refte fur le produit de la vente des effets que j'ai cédés à Madame de Saint-Vincent. Il faut convenir qu'il y a une difproportion énorme entre 27,952 liv. 18 f. & quatre-vingt mille francs ; mais cette difproportion apparente eft fondée fur les erreurs & les infidélités les plus palpables.

Les Agens de M. le Maréchal de Richelieu n'accufent, comme je viens de le dire, que 27952 liv. 18 f. Mais il convient d'ajouter à cette premiere fomme la valeur de différens effets fournis, qui n'ont pas été vendus, & qui font encore chez le Marchand. Leur valeur eft de 4500 liv. J'ai fourni, en outre, plufieurs effets qui n'ont été ni expofés en vente, ni portés fur la facture. Leur valeur eft de 654 liv. Enfin, j'ai fourni encore un Billet de 600 liv. pour indemnité des erreurs qui s'étoient gliffées dans mes factures. Les Agens de M. le Maréchal de Richelieu ont été à même d'être inftruits de tous ces faits, foit par les états & les autres écrits trouvés dans les papiers de Madame de Saint-Vincent, foit par les dépofitions du Marchand & de l'Huiflier. Ils ont donc avancé fciemment un fait de la derniere fauſſeté , ils en ont donc impoſé aux Magiſtrats & au Public, quand ils ont articulé que je n'avois pas fourni le tiers de la valeur des Billets.

Mais je puis rendre cette impoſture plus ſenſible par un relevé ſuccinct de ce que j'ai payé à Madame de Saint-Vincent.

1°. Madame de Saint-Vincent a reçu de moi, lors de la premiere négociation , en tableaux , bronzes , marbres , luſtres, girandoles, lits dorés , fauteuils, feux , bras de cheminées, porcelaines , pendules , la valeur de 25000 liv. , ci . . . . 25,000 liv.

2°. Lors de la ſeconde négociation , Madame de Saint-Vincent a reçu en effets précieux, en étoffes, &c. la valeur de 46108 liv., ci . . 46,108 liv.

Ces deux articles ſont prouvés par mes factures.

3°. On a omis de comprendre dans ces factures des effets pour 654 l., ci. 654 liv.

4°. J'ai fourni en eſpéces, 1°. un ſac de 1200 liv. , 2°. un de 1800 l., 3°. un de 3000 liv. lors de la premiere négociation , & après la ſeconde, d'abord un ſac de 1200 liv. & enſuite un autre de 4800 liv. Le total de ces ſommes réunies forme la ſomme de 12000 liv., ci. - . 12,000 liv.

83,762 liv.

De l'autre part. . . 83,762 liv.

5°. J'ai fourni une pendule à
secondes, qui n'a pas été portée
dans l'état de vente, de 400 l. ci.   400 l.

6°. Il faudroit joindre à ces
sommes la valeur d'à - peu - près
200 aunes d'étoffes qui man-
quent. Ma facture indique que
j'en ai fourni 816. L'Huissier-
Priseur dit n'en avoir vendu que
600. Il est clair, par ce que je
dirai dans la suite, que les 200
aunes non vendues étoient des
étoffes les plus cheres, ci . . . .

7°. Toutes ces sommes réunies
font ensemble plus de 84162 l.
dont les intérêts pour la premiere année , à six pour cent, suivant le produit ordinaire des
fonds placés dans le commerce ,
se montent à 5049 l. 14 f., ci.   5,049 l. 14 f.

8°. Les intérêts de la seconde
année , ci. . . . . 5,049 l. 14 f.

9°. Je ne porte les intérêts de
la troisieme année qu'à 9 mois,
à raison de l'échéance plus ou
moins éloignée des Billets, ci.   4,255 l. 4 f.

____

98,819 l. 12 f.

De l'autre part. . . . . 98,819 l. 12 f.

10°. J'obferve que je pourrois, fans exaction & fans ufure, ajouter à ces fommes le bénéfice de dix pour cent au moins, que tout Négociant eft cenfé devoir faire fur une vente, pour fubvenir aux impofitions, aux dépenfes de fa maifon, aux gages de fes Commis, & aux autres frais de fon état. C'eft encore un article que je laiffe en blanc, ci. . . . .

Total général de ce que j'ai fourni à Madame de Saint-Vincent. . . . . 98,819 l. 12 f.

Madame de Saint-Vincent ne m'a donné que . . . . . 80,000 l.

J'ai donc perdu réellement, à cette négociation, dans l'envie de me défaire d'objets qui me gênoient & d'acquérir des Billets que je croyois folides. . . . 18,819 l. 12 f.

Ce tableau raccourci fuffit fans doute pour me difculper de l'accufation d'ufure, que les Agens de M. le Maréchal de Richelieu renouvellent à chaque page de fes Mémoires, pour m'avilir &

pour me rendre odieux. C'eſt une reſſource ex-
cellente que cette inculpation , quand on n'a
pas de torts réels à oppoſer à un Négociant honnête. On le repréſente tout-à-coup comme une
de ces ſangſues dont l'avare pitié vend aux
malheureux des ſecours plus funeſtes que l'indi-
gence même. On le transforme en un de ces
vampires inſatiables, qui ſucent par degrés la ſub-
ſtance du citoyen auquel ils s'attachent : on le
peint, en un mot, comme un de ces monſtres
ténébreux , qui tendent aux paſſans une main ſe-
courable en apparence & qui les aſſaſſinent en
effet, qui calculent la ruine méthodique de leurs
freres , qui théſauriſent la miſere & les larmes
de leurs ſemblables , & qui , par des exactions
adroitement ménagées , procurent à un métal
ſtérile une fécondité déſavouée par la nature &
par les loix. Cette métamorphoſe injurieuſe a des
ſuites funeſtes. On crie à l'uſure , mille échos ré-
pétent ce cri calomnieux ; le public eſt de feu
pour adopter cette horrible chimère; & le fan-
tôme qui l'a ſéduit trompe quelquefois juſqu'à
l'œil même du Magiſtrat. C'eſt ce qui eſt arrivé
dans ma Cauſe.

Les Gens-d'affaires de M. le Maréchal de Richelieu n'ont pas négligé ce petit artifice. Il faut
voir comme ils poſent en principe , comme ils
affirment que j'ai évidemment acheté les billets
à un prix uſuraire , & que *ce délit* ſeul auroit
pu attirer contre moi la vigilance du miniſtere

public ! Comme ils argumentent contre moi du vil prix auquel les effets cédés en paiement ont été vendus, malgré les avis & la répugnance de l'honnête Huiſſier, qui gémiſſoit de ſe voir forcer la main pour ſacrifier ainſi ces machandiſes ? Mais c'eſt, au contraire, cet argument que je dois invoquer, & qui prouve en ma faveur. Un léger détail va le démontrer.

Ce détail tient au récit des faits dont je rends compte ; & quelques extraordinaires qu'ils paroiſſent, il n'en eſt aucun dont je ne ſois en état d'adminiſtrer la preuve. J'avois obſervé au ſieur Benavent que Madame de Saint-Vincent auroit grand tort de vouloir ſe défaire ſoudain de ceux de mes meubles qu'elle n'auroit pas réſolu de conſerver. De ces effets, les uns ne pouvoient trouver leur prix que dans le caprice ou l'opulence d'un petit nombre d'acheteurs, qui ne paroîtroient pas à point nommé pour en faire emplette. Les autres ne pouvoient pas attendre plus de faveur, dans un moment où les affaires avoient beaucoup perdu de leur activité. La circonſtance du deuil, ſa durée qui devoit être très-longue, tout conſpiroit alors à ſuſpendre le commerce. Le Marchand & l'Huiſſier-Priſeur avoient inſiſté ſur cette obſervation importante.

Le ſieur Benavent, frappé de la juſteſſe de ces réflexions, s'y rendit, en diſant qu'il imaginoit un expédient pour tout concilier. Madame de Saint-Vincent feroit tranſporter dans l'appartement qu'elle alloit occuper, les meubles qui feroient de fon goût. Le refte fe conferveroit dans une falle des grands Auguftins, en attendant le moment favorable, & l'on ne procéderoit, dans le moment actuel, qu'à la vente des étoffes, dont la valeur étant moins idéale & moins affujettie aux modes ou aux circonftances, permettoit de rifquer la vente, fans apparence d'une perte au moins confidérable.

Ce parti eût été fort fage ; mais à peine les effets furent-ils fortis de mes mains, qu'on s'écarta d'un plan fi bien tracé. J'appris avec affez d'étonnement que l'on vendoit, ou pour mieux dire, qu'on donnoit pour rien les effets les plus précieux. On n'a pas d'idée de l'incroyable déprédation de cette vente, & je ne faurois me difpenfer d'en indiquer quelques articles.

Un tableau acheté dans l'origine 1500 liv. par Madame de * * *, & que j'avois eu par eftimation à cinquante louis, m'avoit encore coûté depuis 120 liv. pour le faire remettre fur toile. Ce tableau a été donné pour 24 livres.

Un petit modele de vaiffeau, garni de tous fes agrêts, & travaillé avec le plus grand foin, avoit coûté 600 liv. à l'Orient, fans compter 96 l. de commiffion à la perfonne qui l'avoit acheté, & 50 liv. de frais de tranfport. Cet ouvrage rare & fini a été adjugé pour 48 liv.

Une Vénus au bain, figure de marbre de vingt-huit pouces de hauteur, par un des bons Maîtres, avoit coûté quarante louis. On l'a donnée pour sept.

Les Peintures sacrées n'ont pas été mieux traitées que les Sculptures profanes. Une figure de Judith, tableau superbe, qui avoit été payé 1200 l. & dont le cadre seul en valoit 250, a été livrée à cette vente pour 120 liv. 1 s.

On pourroit extraire des procès-verbaux de l'Huissier-Priseur une foule d'autres articles aussi révoltans. J'ai placé d'ailleurs à la fin de ce Mémoire un détail plus circonstancié, auquel je prie le Lecteur, ami de la vérité, de vouloir bien recourir (1).

Mais je demande maintenant à ce Lecteur juste & impartial quelle foi l'on doit ajouter aux Agens de M. le Maréchal de Richelieu, lorsqu'ils avancent que je n'ai donné des effets que pour 15,952 liv. 16 sols, parce que les deux ventes n'ont produit que cette somme (2) ? lorsqu'ils en concluent que j'ai leurré Madame de Saint-Vincent par des négociations usuraires ; lorsqu'ils ont ainsi l'audace de m'accuser du vol le plus infâme & le plus

---

(1) Les Marchands qui ont profité de cette occasion singuliere, ne méritent cependant aucun blâme. Nous étions dans un tems où personne ne songeoit à acheter. D'ailleurs, la plûpart de ces objets, comme je l'ai dit, n'avoient qu'une valeur de fantaisie. Le changement des modes pouvoit diminuer le prix des autres. Le tems, les accidens, le mauvais air pouvoient détériorer les dorures, &c. On ne donnoit point de crédit, &c.

(2) Mémoire contre Madame de Saint-Vincent, p. 56.

odieux,

odieux, fans qualité pour me le reprocher, fans preuve pour m'en convaincre : que dis-je ? lorf-que la preuve même fur laquelle ils croient fon-der la certitude de mon prétendu crime, eft, au contraire, la bafe inébranlable où repofe mon innocence.

Mais vaincus fur cet article, ils fe rejettent fur ma prétendue mauvaife foi. A cet égard cepen-dant ils ne font guères plus heureux en preuves. Les précautions que je prenois pour m'affurer de la vérité des billets, leur paroiffent une démonftra-tion évidente que j'étois inftruit de leur fauffeté. Affurément cette maniere de raifonner, & cette facilité de démontrer les contraires par les contrai-res, ne font pas communes.

M. le Maréchal de Richelieu met au nombre de ces précautions exceffives, qui trahiffent ma turpitude, les vifites que Me Guinot, Avocat, a bien voulu faire au fieur Marion, Intendant de M. de Richelieu, qui fait à cette occafion un panégyrique diftingué de la prudence, de la poli-tique & des fublimes travaux de cet Intendant. Ce dernier, en effet, joue un rôle confidérable dans cette affaire. On va bientôt s'en convaincre.

On fait dire à M. le Maréchal de Richelieu que Me Guinot vint queftionner le fieur Marion, avec un myftere propre à infpirer de la méfiance. On n'ofe pas, à la vérité, nier nettement que le fieur Marion ait reconnu alors les fignatures : on dit feulement, *qu'il n'eft pas exact* de prétendre

D

qu'il les ait reconnues. On ajoute qu'il se contenta de répondre *des choses vagues*, & la raison en est singuliere : *il se conduisit ainsi, parce qu'il avoit intérêt de ne point se laisser pénétrer, dans un moment où il travailloit à découvrir les négociations & la main dont elles partoient.*

On ne sauroit trop admirer cette pénétration profonde de l'impénétrable Intendant. En effet, *dans un moment où il travailloit à découvrir les négociations*, on vient lui en révéler le secret ; on vient placer dans ses mains la mèche qui doit servir à éventer la mine profonde & ténébreuse qu'il cherche & qu'il soupçonne ; un homme qui a autant d'intérêt que M. le Maréchal à ce que les billets ne soient pas faux, vient lui demander s'ils sont vrais : on vient lui faire des questions, dont chacune est un trait de lumière ; & le sieur Marion *se contente de répondre des choses vagues ! & il a intérêt de ne point se laisser pénétrer !*

Dans le récit même du Mémoire de M. de Richelieu, on voit que la prétendue politique du sieur Marion est très-louche, & son impénétrabilité très-équivoque. Que sera-ce, si l'on rétablit les faits, & si l'on se pique d'être *exact* ?

Ce qui est de certain, c'est que le sieur Marion eut l'air d'être très-étonné de ce que M^e. Guinot lui apprenoit. Il reconnut sur le champ la signature des billets. Il n'en avoit point de connoissance ;

____

(1) Page 9 du petit Mémoire contre la femme *le Roi*, &c.

mais il lui paroiſſoit vraiſemblable que M. le Maréchal avoit voulu lui en faire *une cachette* (ce furent ſes expreſſions , auxquelles je ne toucherai
point) ; il ajouta que les Seigneurs faiſoient aſſez
ſouvent de ces ſortes d'affaires ſans les communiquer à leurs Intendans , auxquels ils n'avoient recours que lorſqu'il s'agiſſoit de réparer leurs ſot-
tiſes. Telle étoit ſur-tout, ſelon lui, l'habitude de
M. le Maréchal de Richelieu.

Cette réponſe , aſſez cathégorique , ne ſe bornoit pas à *des choſes vagues*.

Mᵉ. Guinot expliqua au ſieur Marion l'objet qui
l'amenoit , & ſur lequel il s'ouvroit à lui avec confiance , ne pouvant parler à M. le Maréchal , qui
étoit ou celé , ou parti pour ſon Gouvernement. M.
le Maréchal de Richelieu pouvoit ne pas ſe ſoucier
que ſes billets couruſſent dans le commerce ; Mᵉ
Guinot dit au ſieur Marion que M. le Maréchal
étoit bien le maître de prévenir cette circulation,
en retirant les billets des mains de ſon client, &
en paſſant devant Notaires ou une obligation
payable à la même époque, ou un contrat de rente
viagere & perpétuelle. Le ſieur Marion parut
goûter cette propoſition. Il prit l'adreſſe de Mᵉ. Guinot pour lui rendre réponſe dans trois ou quatre
jours. Mᵉ. Guinot lui en donna huit.

C'étoit le 16 Juin. Le 23 du même mois, cet
Intendant vint chez Mᵉ. Guinot. Il demanda
à copier les billets , *parce que M. le Maréchal ne
ſe ſouvenoit pas le lendemain de ce qu'il avoit fait*

la veille ; & sur ce que M^e. Guinot observoit que cette sorte d'inconséquence pouvoit être attribuée au grand âge de M. le Maréchal, le sieur Marion dit que c'étoit tout simplement *par étourderie.*

Il lui réitéra d'ailleurs que les billets étoient bien signés de la main de M. le Maréchal , & que , puisqu'il les avoit faits , il les payeroit exactement à leurs échéances. Enfin , il promit d'en écrire à M. de Richelieu , se flatta d'en avoir réponse dans dix jours , & s'engagea même à communiquer aussi-tôt cette réponse à M^e. Guinot.

J'observerai que ni M^e. Guinot, ni le sieur Marion n'ont été entendus ; j'observerai encore que les Mémoires de M. le Maréchal de Richelieu ne parlent point de ces démarches & de ces réponses du sieur Marion. On sent bien pourquoi. Je pourrois me plaindre de cette *réticence ;* mais je continue de rétablir les faits , & je laisse aux Lecteurs le soin d'appliquer les épithètes & de faire les réflexions.

Lorsque ces nouvelles attendues furent arrivées de Bordeaux , lorsque le sieur Marion devoit savoir nettement si M. de Richelieu avouoit ou désavouoit ses billets , il quitta le style clair & précis dont il s'étoit servi jusqu'alors , & tâchant, pour le coup , d'être *impénétrable* , il écrivit à M^e. Guinot le billet suivant, en style d'oracle :

>> J'ai l'honneur de saluer Monsieur Guinot,
>> & le prie de suspendre la négociation des billets en question. Les nouvelles que j'ai reçues

» à cet égard , demandant plus amples informa-
» tions, dont je lui ferai part quand elles feront
» faites.   MARION ,
» *Ce 6 Juillet* 1774.   Intendant de M. le Duc
.   de Richelieu «.

Cette Lettre & fa date font bien précieufes. Le fieur Marion avoit reçu des nouvelles le 6 Juillet, & ce n'eft qu'environ quinze jours après , qu'on arguë les billets de faux ? Le fieur Marion avoit reçu des nouvelles ! Quelles pouvoient être ces nouvelles ? Que M. de Richelieu connoiffoit ou ignoroit , avouoit ou nioit les billets. Ce ne pouvoit pas être autre chofe. Les billets connus & avoués, quel befoin étoit-il *de plus amples informations ?* Les billets ignorés & niés, que fignifient encore *ces plus amples informations ?* Le premier devoir dans ce cas, le premier moyen , le premier cri , ne devoit-il pas être l'infcription de faux ?

Cette Lettre du fieur Marion ne me parut pas claire. Elle me donnoit à penfer, non pas fur la vérité des fignatures dont je n'avois pu douter , mais fur l'imprudence peut-être qu'on avoit eue de répandre les billets, contre le gré de M. le Maréchal & avant les termes convenus avec lui.

Sur ces entrefaites, Madame de Saint-Vincent m'envoye chercher & me confirme dans mon idée , en me difant que j'avois fans doute montré les billets, & que M. le Maréchal venoit de lui écrire, pour lui reprocher de les avoir négociés avant l'année, pendant laquelle elle lui avoit promis de les enfevelir dans le plus profond fecret.

Elle me lut la Lettre que le fieur Marion lui avoit remife, dans laquelle M. le Maréchal traitoit cette négociation tout fimplement de *maquignonage*.

L'idée de la fauffeté des billets ne me vint pas encore; mais je tremblai d'imaginer que s'ils n'étoient pas faux, ils étoient peut-être furpris : je repouffai cependant avec horreur cette idée, qui étoit trop démentie par tout ce qui s'étoit paffé. C'étoit pour me raffurer à cet égard que Madame de Saint-Vincent, le fieur de Montel & le fieur Benavent m'avoient donné lors des deux négociations, des billets de garantie, dans lefquels ils certifioient, non pas la vérité des fignatures, comme M. le Maréchal l'infinue fauffement, mais la légitimité des créances.

C'étoit le 19 Juillet. Je rentrai chez moi à huit heures du foir. J'y trouvai Me. Guinot, le fieur Henry, Infpecteur de Police, & le fieur Marion. Ces deux derniers demanderent à voir les billets, & fur ce que je refufai de les montrer, ils femblerent me prefcrire d'aller faire ma déclaration chez le Commiffaire Chefnon, & chercher à m'effrayer fur la fauffeté des billets. Ils me dirent qu'ils venoient de la part du Magiftrat integre & renommé qui préfidoit à la Police. Au nom de M. de Sartine, je me raffurai foudain ; & d'après le confeil de Me. Guinot, je conçus le deſſein de parler avant tout à ce Magiſtrat. Nous nous rendîmes ſur le champ à ſon Hôtel. Il nous aſſura que de nouveaux éclairciſſemens qu'il avoit reçus le perſuadoient de la vérité des billets , & que je devois être tranquille.

Je lui portai les miens le lendemain. La ſignature lui parut être celle de M. le Maréchal de Richelieu. J'allai ſoudain en rendre compte au ſieur Marion. Je fis plus ; en cas que les billets fuſſent faux , comme le prétendoit M. le Maréchal , quelque riſque que je couruſſe d'en perdre le montant , je m'offrois toutefois de me joindre à lui pour découvrir cette infamie. J'ajoutai que j'avois pu être trompé , mais que je ne ſerois jamais injuſte.

Le ſieur Marion , toujours *impénétrable* , me dit qu'il feroit part de mon dévouement à M. le Maréchal , & que s'il y avoit quelques arrangemens à prendre au ſujet de ces billets , je ſerois , en conſidération de mon honnêteté , le premier avec lequel on traiteroit. Il tint le même langage ſur mon compte à M^e. Guinot , auquel cependant il avoit affecté de ne pas répondre , quoique cet Avocat , mécontent de la Lettre énigmatique du 6 Juillet , lui eût demandé depuis par écrit une réponſe claire & préciſe.

On ne ſoupçonneroit jamais quel a été le réſultat des éloges que le ſieur Marion donnoit à ma probité ? Son ton affectueux m'avoit flatté , je l'avoue ; mais qu'il m'a bien fait repentir de ce petit mouvement d'amour propre !

J'attendois avec fécurité l'effet de fes bons offices & de fes honorables témoignages , lorfque le 17 du mois d'Août, à fept heures du matin, un Exempt entra dans ma chambre. J'étois encore endormi. Dieu ! quel coup de foudre vint me frapper à mon réveil. O vous, honnêtes Négocians , vous tous , ô paifibles Citoyens qui lirez ma défenfe, vos cœurs fe fouleveront fans doute à cette affreufe image. Vos yeux fe détourneront du fpectacle de l'oppreffion & de la fraude. Vous tremblerez d'avoir des relations, même éloignées , avec ces Grands , dont les agens perfides , armés de tout leur crédit , peuvent faire que l'homme qui s'eft couché innocent & libre , fe réveille prifonnier fans fujet , & coupable fans crime.

Mais que fais-je ? J'oublie que c'en eft un peut-être de fe livrer à une fenfibilité indifcrette , & que la douleur la plus jufte doit dévorer & mefurer fes regrets.

L'Exempt , humilié du devoir qu'il avoit à remplir, ou peut-être attendri fur mon fort, n'ofa pas m'annoncer qu'il venoit m'arrêter. Il m'avertit feulement que Me. Chefnon, Commiffaire, alloit mettre le fcellé fur mes papiers, en vertu d'ordre du Roi. Le Commiffaire, plus courageux, fuppléa foudain à cette réticence. Je demandai à voir l'ordre , dont m'avoit parlé l'Exempt ; mais au lieu d'ordre , on me montra un décret de prife-de-corps lancé le 14 Août, avec la formule inouïe :

aux

*aux risques, périls & fortune de M. le Maréchal
de Richelieu;* formule de la plus dangereuse conséquence, qui met la vie & l'honneur des Citoyens à la merci du premier oppresseur, qui trou-
vera des Magistrats déterminés à l'employer ; formule barbare, qui déshonoreroit la Jurisprudence
criminelle , si elle pouvoit jamais être adoptée ;
formule redoutable, qui ne tend qu'à dispenser les
Juges de la nécessité d'être justes , en rendant les
Parties garantes de leurs iniquités.

Le reste de mon récit ne doit presque plus
être qu'un tissu de vexations & d'indignités de
tout genre.

A peine pus-je obtenir du Commissaire la per-
mission de faire venir M^e. Blaque, mon Procureur
au Châtelet , auquel même il refusa un référé
pardevant M. le Lieutenant Criminel.

Ce n'est pas tout. J'ai beau représenter que le
lendemain , 20 du mois , j'ai pour 26000 livres
de payemens à faire. On se saisit des clefs de
mon cabinet. On se saisit de mes papiers & de
mes livres. On les renferme. On ensevelit sous
les scellés mes lettres de change , mes billets, &c.
On ferme de même mon coffre-fort. Enfin , ar-
raché à ma famille , à mes affaires , chassé avec
scandale de ma maison, je suis forcé de me laisser
traîner au Fort-l'Evêque.

O comment ne suis-je pas mort dans cet infer-
nal sépulchre, où je fus précipité tout vivant !
Trois jours, trois jours entiers s'écoulerent, avant

que je comparuſſe devant mon Juge.

Je ne fus même tiré du ſecret, qu'à la ſollici-
tation de deux Magiſtrats, dont le nom eſt juſte-
ment cher à la France.

Je ſubis un Interrogatoire de ſix heures, pendant lequel je ne pus découvrir le motif qui avoit
dû me faire arrêter. Tout ce qu'il me fut permis
d'entrevoir, c'eſt que j'avois été décrété moins à
raiſon des preuves que d'autres pouvoient avoir
fournies contre moi, qu'à raiſon de celles qu'on
s'attendoit à tirer de moi contre d'autres.

Ce que j'ai vu clairement depuis, aux Con-
frontations, c'eſt que j'ai été décrété ſans qu'il y
eût aucunes charges ; c'eſt que les dépoſitions du
Marchand & de l'Huiſſier - Priſeur ſur leſquelles
on prétend qu'on a conçu l'idée de me faire arrêter, ſont abſolument en ma faveur ; c'eſt qu'en
un mot, après m'avoir traité avec la derniere
rigueur, le Juge lui-même a été tout ſurpris de
ne trouver que des preuves de ma bonne - foi
dans tout le cours de cette malheureuſe affaire.

Le lendemain de mon interrogatoire, qui étoit
le 20 Août, jour de mes payemens, comme je
l'ai dit, je fus obligé pour y faire honneur, d'em-
prunter mille louis d'un Banquier & d'un Agent
de Change, chez leſquels j'envoyai du fonds de
la priſon.

Cependant, toutes les amertumes de la honte,
de la douleur, du deſeſpoir, venoient ſe raſſem-
bler autour de moi. Dans un Interrogatoire,

parmi plufieurs queftions captieufes , on en mê-
loit de déshonorantes , non moins étrangères à
l'hiftoire des Billets de M. de Richelieu , qu'elles
étoient affreufes par leur objet. Il s'agiffoit , par
exemple , de me faire avouer que j'avois fait *des
affaires malhonnêtes* avec M. le Duc de * * * ,
avec M. le Comte de * * , &c. Ces queftions,
comme on le voit , étoient de nature à ne me pas
compromettre feul. Je devois y être d'autant moins
préparé , que des trois Seigneurs fur lefquels on
m'interrogeoit ainfi , je n'avois l'honneur d'être
connu que d'un. Encore toutes mes relations avec
lui s'étoient-elles réduites à lui procurer un habit
des grandes chaffes du Roi.

Dans une autre occafion , on follicitoit le Mi-
niftère Public de prendre fon jour pour la levée
des fcellés ; & on étoit forcé d'entendre pour
toute réponfe , que cela n'étoit pas preffé. On
prenoit la liberté de repréfenter qu'un plus long
délai me feroit perdre mon état. Et telle étoit encore la reponfe : *Quel état ? Ce n'eft qu'un Frippier.* Comme fi l'état du dernier des Citoyens
n'étoit pas autant fous la protection & fous la
fauve-garde des Loix , que les premieres Dignités
de l'Etat ! comme fi les Magiftrats n'étoient éta-
blis les peres & les Tuteurs que des Conditions éle-
vées ! comme fi le Peuple , qui forme la bafe de
l'édifice politique , ne devoit être compté pour
rien aux yeux de ceux qui foutiennent l'équilibre
de cette grande pyramide ? Comme fi , enfin ,

nous vivions encore dans ces siècles de grossiere ignorance & de stupide orgueil, où le préjugé avilissoit le Négociant, dont les spéculations & les travaux enrichissent la Patrie, & le rendent le bienfaiteur de ceux-mêmes qui osent le mé-priser !

Enfin pourtant, M. le Procureur du Roi consentit à la levée des scellés. Mes papiers qu'on avoit séquestrés, comme je l'ai dit, au fond d'une armoire, furent rendus à la lumiere, & subirent l'examen le plus rigoureux. Après des perquisitions exactes, on trouva deux Billets de la main du sieur Benavent, très-intéressans & très-considérables. Dans l'un, il me souhaite le bon soir, & dans l'autre, qui n'est pas moins digne de remarque, il me souhaite le bon jour. Voilà tout le corps du délit.

A la suite de ces grandes découvertes, dois-je dire que M. le Procureur du Roi, ne trouvant dans mes Papiers aucune trace de malversations dans l'affaire des Billets, termina la séance par dire que si ce n'étoit pas pour cette affaire-là que j'avois mérité d'être arrêté, c'étoit pour d'autres mauvaises négociations que je n'avois pas manqué de faire ? Ce Magistrat vouloit insinuer, sans doute, des prêts sur gages & d'autres infamies, que j'ai toujours eu en horreur. J'avoue que, malgré mon profond respect pour lui, je pris la liberté de douter un peu de l'infaillibilité de cette Jurisprudence singuliere, qui raisonnant précisément comme le Loup de la Fable raifonne avec l'innocent Agneau qu'il veut immoler à fa voracité, dirige fes coups fur des conjectures & punit fur des foupçons. Car il n'y avoit que des foupçons contre moi. M. le Lieutenant-Criminel avoit fini par me dire auffi qu'il étoit étonnant que j'eûffe la réputation d'être riche de quatre cents mille livres ; qu'on ne pouvoit que fufpecter la fource d'une telle opulence, & qu'on ne faifoit pas des fortunes pareilles dans un commerce comme le mien.

Si c'étoit, en effet, un crime d'avoir fçu, à force d'économie, d'induftrie & d'opiniâtreté au travail, amaffer une fortune de quatre cents mille francs, je ferois des vœux bien fincères pour en être coupable, & mon abfolution ne coûteroit fans doute pas plus à des appréciateurs éclairés, que ne coûta jadis au Sénat de Rome celle de l'Agriculteur accufé de Sorcellerie, parce que fes champs rapportoient des moiffons plus abondantes que ceux de fes voifins. J'en ferois quitte pour montrer comme lui, à mes Juges, des bras infatigables, des Serviteurs laborieux, & pour dire comme lui : Voilà mon fecret & mes charmes.

Et ce foible commerce qu'on me reproche d'avoir groffi, j'ai pourtant été à la veille de le voir anéantir ! Et fur quel fondement ? Sur quelle preuve la Juftice m'a-t-elle confondu avec les plus vils criminels ? Par quelle docilité fatale aux impreſſions que lui communiquoit le crédit d'un grand Seigneur trompé par ſes Gens-d'Affaires, s'eſt-elle laiſſé mettre ſur les yeux le bandeau des mêmes illuſions & des mêmes erreurs ? En vertu de quelle loi a-t-on attenté à la liberté de ma perſonne ? Pourquoi a-t-on violé ſans raiſon les myſteres de la confiance publique par les ſcellés mis ſur mes papiers ? Par quelle bizarrerie me ſuis-je trouvé impliqué dans un Procès dont l'évènement ne pouvoit toucher à mon honneur, dans un Procès né d'un délit que je n'ai pas pu connoître, s'il exiſte, & dont j'avois plus qu'un autre à redouter l'exiſtence ?

C'eſt le nom ſeul de M. le Maréchal de Richelieu, indiſcrettement employé par ſes Agens, qui a ſervi de prétexte, d'autorité, de titre, aux injuſtices que j'ai eſſuyées. C'eſt au nom de M. le Maréchal de Richelieu que j'ai été calomnié dans l'eſprit des Juges; c'eſt au nom de M. le Maréchal de Richelieu que j'ai été diffamé dans le Public; c'eſt au nom de M. le Maréchal de Richelieu, c'eſt bien plus, c'eſt à ſes riſques, périls & fortune, qu'un décret ſans motif m'a fait eſſuyer des indignités ſans exemple.

Quelle ſera donc, grand Dieu ! la reſſource, ou plutôt, quelle ne ſera pas la légitime allarme des Citoyens, ſi le nom d'un Grand ſuffit pour les perdre, & ſi les gouffres des priſons ouverts à ce nom fatal, engloutiſſent ainſi tous ceux que la haîne puiſſante aura ſeulement déſignés ! Quelle sera désormais la confiance, quelle sera l'émulation des Commerçans, si leur état est compté pour rien, s'il est permis de se jouer de leur honneur, si leur fortune même est un crime qu'on veuille punir à défaut de ceux dont ils ne seroient pas coupables ?

Mais pourquoi me livrer à ces idées affligeantes ? Il est aujourd'hui des Magistrats qui jugent les causes sans acception des personnes ; il est un Tribunal devant qui l'inégalité des rangs disparoît, & que l'abus du crédit de M. le Maréchal de Richelieu ne pourra pas séduire. C'est dans ce sanctuaire des Loix que je demande avec confiance à leurs augustes Ministres les réparations qui me sont dûes. *Signé*, R U B I T, l'aîné.

Messieurs

ROLLAND DE CHALLERANGE,
TITON DE VILLOTRAN, } *Rap.*

M^e. FRANÇOIS DE NEUFCHATEAU,
Avocat.

M O Y N A T, Procureur.

EXTRAIT de l'Etat de vente que j'ai fourni, & des Procès-verbaux de l'Huissier Priseur.

J'ai promis des détails sur le vil prix auquel ont été vendus les effets que j'ai cédés en paiement à Madame de Saint-Vincent : voici , en conséquence , quelques observations dont j'ai la preuve écrite.

Un lit de moire , brodé en or & soie , ayant coûté plus de 60,000 liv. de l'aveu du Marchand qui en est aujourd'hui possesseur, porté à l'état de vente que j'ai fourni . . 3,000 liv.

A été donné à la vente pour 899 liv. 19 f. Le Marchand avoue de bonne foi qu'il y a pour plus de 900 liv. d'or à le brûler, & qu'il veut le vendre au dernier prix . 3000 liv.

Un lit de damas cramoisi , par moi vendu , suivant l'état. . . . . . 1,000 liv.

A été donné à la vente pour 300 liv. Le Marchand qui l'a acquis veut le vendre au juste . . . . 1000 liv.

Quatre rideaux de damas de trois couleurs , contenant quarante-cinq aunes , beaux comme neufs , par moi porté sur l'état à . . . . 400 liv.

Ont été donnés pour 162 liv. 1 f. Et le Marchand qui les a veut les vendre au plus juste, ... 540 liv.

Quatre fauteuils brodés , portés sur l'état à . . 192 liv.

Donnés à la vente pour 48 liv. Le Marchand dit qu'il ne les livrera pas à moins de 152 liv.

Une pendule portée sur l'état à . . . . 500 liv.

Donnée à la vente pour 250 liv. Le Marchand qui l'a achetée, l'a vendue. . 500 liv.

Dix fauteuils en tapisserie de petits points, à bois doré, neufs & du dernier goût, portés sur l'état à. . . . . 1000 liv.

Le Marchand les a vendus par besoin d'argent 800 l., avouant qu'ils étoient à trop bon marché , il lui avoient coûté 525 liv. 1 f.

Un

Un paravent de tapisserie dou-
blé de damas cramoisi , porté
audit état à. . . . 300 liv.

Un canapé d'étoffe d'or avec
quatre fauteuils pareils , portés
sur l'état à . . . . 250 liv.

Deux lustres de crystal de ro-
che , dont les pierres étoient
très-grosses & montées dans le
dernier goût , portés audit état
à . . . . . 2,000 liv.

Une table à pied doré à des-
sus de marbre, de laquelle j'a-
vois refusé 240 liv. , j'ai une
lettre en main qui en fait preuve.

Une piece de baracan de
vingt-cinq aunes, portée on l'é-
tat à . . 5 liv. 10 f. l'aune

Une autre piece portée de
même à . 5 liv. 10 f. l'aune.

Dix aunes un quart de baracan & camelot poil , en cou-
pons.

Quatre aunes de ratine d'Hollande portée à . 20 liv. l'aune

Sept aunes & demie de pluche verd Saxe , de toute beau-
té, me coûtant 8 liv. 10 f. l'aune . . . . . 8 liv. 10 f.

Onze aunes de pluche à longs
poils portées à . 5 liv. 10 f.

Treize aunes de pluche de soie,
me coûtant 13 liv. l'aune. 169 l.

Seize aunes de baracan portées à l'état à 5 liv. 10 f. l'aune.

Onze aunes trois quarts d'Es-
pagnolette croisée , frisée en
verd Saxe , portée en l'état à
. . . . . . 5 liv. l'aune.

Donné à la vente pour 144
liv. Le Marchand veut le vendre . . . 300 liv.

Donné à la vente pour 180
liv. L'acquéreur les a vendus à
un autre Marchand . 300 liv.

Donnés à la vente pour 762
liv. J'avois refusé du plus beau
960 liv. Le moindre a été vendu
par l'acquéreur à M * * * 800 liv.

Cette même table a été donnée à la vente pour 90 liv. 1 f.

Vendue à la vente 52 liv. ce
qui ne fait pas 2 liv. 2 f. l'aune ; ces pieces se vendent en Fa-
brique, de 120 à 150 liv.

Donnée à la vente pour 42 liv.
ce qui fait 1 liv. 13 f. 7 den.
l'aune.

Données à la vente pour 5 liv.
5 f. ce qui fait un peu plus de
10 f. l'aune.

Données à la vente pour 14 liv.
3 f. ce qui ne fait pas 3 liv.
11 f. l'aune.

Données à la vente pour 15
liv. 1 f. ce qui fait 40 f. l'aune.

Données à la vente pour 18
liv. 4 f. ce qui fait 1 liv. 13 f.
1 den. l'aune.

Données à la vente pour 37
liv. 19 f. ce qui fait 2 liv. 18 f.
5 den. l'aune.

Données à la vente pour 36 liv.
ce qui fait 2 liv. 5 f. l'aune.

Données à la vente pour 15 liv.
2 f. ce qui fait 1 liv. 5 f. 8 den.
l'aune.

F

Douze aunes, panne double, maron, portée en l'état à . . . . . . 9 liv. l'aune. Données à la vente pour 29 l. ce qui fait 2 liv. 8 f. 4. den. l'aune.

Trois aunes un quart, ratine Andely, portée à 20 liv. l'aune. Données à la vente pour 14 l. ce qui fait 4 liv. 6 f. 2 den. l'aune.

Six aunes, camelot poil, porté à . . . . 8 liv. l'aune. Données à la vente pour 17 l. ce qui fait 2 liv. 16 f. 8 den. l'aune.

Treize aunes, drap Louviers olive, parfait, porté à 19 l. l'aune. Données à la vente pour 58 l. ce qui fait 4 liv. 9 f. 3 den. l'aune.

Dix-huit aunes, drap d'Elbeuf, parfait, porté à 15 liv. l'aune. Données à la vente pour 58 l. ce qui fait 3 liv. 4 f. 6 den. l'aune.

Douze aunes, drap Carcassonne rose, premiere qualité, à . . . . 12 liv. l'aune. Données à la vente pour 45 l. ce qui fait 3 liv 15 f. l'aune.

Huit aunes, ratine d'Hollande bleu de Roi, parfaite, à . . . . 20 liv. l'aune. Données à la vente pour 79 l. 19 f. ce qui fait 9 liv. 19 f. 11 den. l'aune.

Neuf aunes un tiers, ratine d'Hollande, verd Saxe, parfaite, à . . . 20 liv. l'aune. Données à la vente pour 80 l. ce qui fait 8 liv. 11 f. 5 den. l'aune.

Un objet porté en l'état à . . . . 600 liv. Donné à la vente pour 80 liv. le Marchand veut le vendre 600 liv.

J'aurois pu étendre beaucoup ce parallèle, dont toutes les affertions font conftatées, comme je l'ai dit, par des preuves irrécufables.

Pour achever ma juftification fur l'article de l'ufure que les Agens de M. le Maréchal de Richelieu me reprochent avec fi peu de décence & de fondement, je joins encore ici la note des prix auxquels j'ai vendu mes étoffes à Madame de S. Vincent.

Je lui ai fourni du camelot de poil de toutes couleurs, à . . . . . . 8 l. f. l'aune

Du camelot, demi-foie, de toutes couleurs, à 4 10

Du velours de coton, plein, mordoré, à . 14

Du velours de coton rayé, mordoré, à . 7 10

De la pluche rafe d'Amiens, de poil de chevre, cramoifie, verte, grife, mordorée, à 8 10

De la panne double, cramoifie, grife, brune, noire, à 9

De la pluche d'Hanovre, de toutes couleurs, à 5 10

De l'Efpagnolette croifée, frifée, à . 5

Du drap d'Elbeuf, à 15

Des draps de Louviers de toutes couleurs, à 19

Des ratines d'Hollande & des Andelys, de toutes couleurs, à 20

De la pluche de poil de chevre, à longs poils, de toutes couleurs, à 5

Que l'on interroge fur ces prix, des Négociants inftruits & qu'ils décident fur cette infâme accufation d'ufure ! Ils attefteront hautement l'innocence du Marchand honnête & défintéreffé, dont on n'a pas craint de faire des peintures fi odieufes. Ils détruiront la chimere à laquelle M. le Maréchal de Richelieu a voulu donner tant de poids & tant de confiftance. Je ferai juftifié dans l'opinion publique ; mais comment M. le Maréchal de Richelieu me rendra-t-il la confiance univerfelle, que fes pourfuites injuftes m'ont prefque dérobée ? Rien de fi délicat que l'honneur d'un Négociant. Souvent fa réputation fait tout fon crédit. Si on lui ôte fans fujet cette réputation, fi l'on fufpecte fa probité fans aucun fondement, fi l'on prend à tâche de le déshonorer ſans preuve, quels dommages-intérêts pourront jamais compenſer des pertes ſi cruelles, & que le ſuccès de la calomnie rend quelquefois irréparables ?

A cet égard, ma cauſe ne m'intéreſſe pas ſeul, c'eſt celle de tous les Négociants de toutes les grandes villes du Royaume, & comme je l'ai dit, il n'en eſt aucun qui puiſſe lire mon apologie, ſans frémir d'un danger auquel ils ſont tous expoſés comme moi. *Signé*, RUBIT, l'aîné.

Mᶜ. FRANÇOIS DE NEUFCHATEAU,
Avocat.

MOYNAT, Procureur,

De l'Imprimerie de CLOUSIER, rue Saint-Jacques, 1775.

www.ingramcontent.com/pod-product-compliance
Lightning Source LLC
LaVergne TN
LVHW022351170726
843503LV00008B/3651